AF222238

Impressum
Verlag: BABADADA GmbH, Nedderfeld 112 , 22529 Hamburg
Geschäftsführer / Verlagsleitung: Harald Hof
Druck: Books on Demand GmbH, In de Tarpen 42, 22848 Norderstedt

Imprint
Publisher: BABADADA GmbH, Nedderfeld 112 , 22529 Hamburg, Germany
Managing Director / Publishing direction: Harald Hof
Print: Books on Demand GmbH, In de Tarpen 42, 22848 Norderstedt, Germany

la salle de classe
klas

diviser
dividi

186/2

la cour de récréation
plenchi di scol

le tableau noir
borchi

l'enseignant
maestro

le papier
papel

écrire
skirbi

le stylo
pen

le bureau
lessenaar

la règle
liniaal

le livre
buki

l'élève
alumno

le sac d'école

tas di scol

la trousse

etui

le crayon

potlood

le taille-crayon

slijper

la gomme

gum

le carnet à dessin

buki di pinta

le dessin
....
pintura

le pinceau
....
cuashi

la boîte de peinture
....
caha di verf

les ciseaux
....
sker

la colle
....
lijm

le cahier d'exercices
....
schrift

les tâches
....
huiswerk

le chiffre
....
number

additionner
....
suma

soustraire
....
kita

multiplier
....
multiplica

calculer
....
conta

la lettre
....
letter

l'alphabet
....
alfabet

le mot
....
palabra

le texte
texto

lire
lesa

la craie
krijt

la leçon
les

le livre de classe
klassenboek

l'examen
examen

le certificat
diploma

l'uniforme scolaire
uniform di scol

la formation
estudio

le lexique
enciclopedia

l'université
universidad

le microscope
microscop

la carte
mapa

la corbeille à papier
bari di sushi

l'hôtel
hotel

l'auberge
posada

le bureau de change
oficina di cambio

la valise
maleta

la voiture
auto

la langue

idioma

oui / non

si / no

d'accord

bon

Salut

hallo

l'interprète

tolk

merci

masha danki

Combien coûte...?

Cuanto esaki ta costa?

Je ne comprends pas

Mi no ta compronde

le problème

problema

Bonsoir!

bon nochi

Bonjour!

Bon dia!

Bonne nuit!

Bon nochi!

Au revoir

ayo

la direction

direccion

les bagages

maleta

le sac

handbag

le sac-à-dos

rugtas

l'hôte

huesped

la pièce

camber

le sac de couchage

slaapzak

la tente

tent

l'office de tourisme

informacion pa turista

la plage

lama

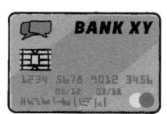

la carte de crédit

credit card

le petit-déjeuner

desayuno

le déjeuner

cuminda di merdia

le dîner

cuminda di anochi

le billet

carchi

l'ascenseur

cabe'i boto

le timbre

stampia

la frontière

grens

la douane

duana

l'ambassade

embahada

le visa

visa

le passeport

paspoort

l'avion
avion

le navire
bapor

le véhicule de pompiers
brandspuit

le bus
bus

le camion
truck

e bateau à moteur
boto

la bicyclette
baiskel

la voiture
auto

le ferry

ferry

la barque

boto

la moto

brommer

la voiture de police

auto di polis

la voiture de course

auto di careda

la voiture de location

auto di huur

l'autopartage

car sharing

la dépanneuse

takelwagen

la benne à ordures

dump truck

le moteur

motor

l'essence

gasolin

la station d'essence

pomp di gasolin

le panneau indicateur

borchi di trafico

le trafic

trafico

l'embouteillage

fila

le parking

parkeerplaats

la gare

stacion di trein

les rails

riel

le train

trein

le tram

tram

le wagon

wagon

l'hélicoptère
helicopter

l'aéroport
aeropuerto

la tour
toren

le passager
pasahero

le container
container

le carton
caha di carton

le chariot
garoshi

la corbeille
macutu

décoller / atterrir
lanta / baha

la ville
ciudad

le village
pueblo

le centre-ville
centro di ciudad

la maison
cas

le cinéma
cine

la publicité
propaganda

le réverbère
luz di caya

la rue
caya

le taxi
taxi

le kiosque
snackbar

le piéton
hende na pia

le trottoir
acera

le carrefour
crusada

le passage piéton
zebrapad

la poubelle
bari di sushi

les feux de circulation
luz di trafico

la cabane
hut

l'appartement
flat

la gare
stacion di trein

la mairie
stadhuis

le musée
museo

l'école
scol

l'université

universidad

la banque

banco

l'hôpital

hospital

l'hôtel

hotel

la pharmacie

botica

le bureau

oficina

la librairie

boekhandel

le magasin

tienda

le fleuriste

floresteria

le supermarché

supermarket

le marché

mercado

le grand magasin

department store

la poissonnerie

bendedo di pisca

le centre commercial

shopping center

le port

haf

le parc
park

la banque
banki

le pont
brug

les escaliers
trapi

le métro
metro

le tunnel
tunnel

l'arrêt de bus
parada di bus

le bar
bar

le restaurant
restaurant

la boîte à lettres
postbox

le panneau indicateur
borchi di nomber di caya

le parcomètre
parkeermeter

le zoo
parke di bestia

le réverbère
piscina

la mosquée
moskee

la ferme
cunucu

la pollution
polucion

le cimetière
santana

l'église
misa

l'aire de jeux
speelplaats

le temple
tempel

le paysage
paisahe

la feuille
blachi

le panneau indicateur
borchi di direccion

le chemin
caminda

le pré
sabana

la pierre
piedra

l'arbre
palo

le randonneur
keirodo

la rivière
riu

l'herbe
yerba

la fleur
flor

la vallée
vallei

la montagne
sero

le lac
lago

la forêt
mondi

le désert
desierto

le volcan
volcan

le château
kasteel

l'arc-en-ciel
arco iris

le champignon
paddenstoel

le palmier
palma

le moustique
sangura

la mouche
musca

les fourmis
vruminga

l'abeille
bij

l'araignée
haraña

le paysage - paisahe

le scarabée

tor

la grenouille

dori

l'écureuil

eekhoorn

le hérisson

porcospina

le lapin

coneu

la chouette

shoco

l'oiseau

parha

le cygne

zwaan

le sanglier

porco di mondi

le cerf

bina

l'élan

eland

le barrage

dam

l'éolienne

molina di biento

le panneau solaire

panel solar

le climat

clima

le serveur
waiter

le menu
menu

la chaise
stoel

la soupe
sopi

la pizza
pizza

les services
bestek

la nappe
paña di mesa

les hors d'œuvre
....
aperitivo

le plat principal
....
cuminda principal

le dessert
....
dessert

les boissons
....
bebida

l'alimentation
....
cuminda

la bouteille
....
boter

le fast-food
fastfood

les plats à emporter
streetfood

la théière
canica di te

le sucrier
pochi di sucu

la portion
porcion

la machine à expresso
espressomachine

la chaise haute
stoel di mucha

la facture
cuenta

le plateau
hasechi

le couteau
cuchiu

la fourchette
forki

la cuillère
cuchara

la cuillère à thé
telep

la serviette
napkin

le verre
glas

l'assiette

tayo

l'assiette à soupe

tayo di sopi

la soucoupe

scoter

la sauce

saus

la salière

pochi di salo

le moulin à poivre

mulina di peper

le vinaigre

binager

l'huile

azeta

les épices

specerij

le ketchup

ketchup

la moutarde

mosterd

la mayonnaise

mayonaise

le supermarché
supermarket

l'offre promotionnelle
oferta special

le client
cliente

les produits laitiers
producto lacteo

les fruits
fruta

le caddie
garoshi di compra

FOR

la boucherie

carniceria

la boulangerie

panaderia

peser

pisa

les légumes

berdura

la viande

carni

les aliments surgelés

frozen food

la charcuterie

beleg di carni

les conserves

cuminda di bleki

la poudre à lessive

detergente na puiro

les bonbons

mangel

les articles ménagers

producto pa cas

les détergents

articulo di limpiesa

la vendeuse

bendedo

la caisse

cahero

le caissier

cahero

la liste d'achats

lista di compra

les heures d'ouverture

orario

le portefeuille

cartera

la carte de crédit

credit card

le sac

tas

le sac en plastique

saco di plastic

l'eau

awa

le jus de fruit

juice

le lait

lechi

le coca

cola

le vin

biña

la bière

cerbes

l'alcool

alcohol

le chocolat chaud

chocomel

le thé

te

le café

koffie

l'expresso

espresso

le cappuccino

cappuccino

la banane

bacoba

la pomme

appel

l'orange

apelsina

le melon

milon

le citron

lamunchi

la carotte

wortel

l'ail

conoflok

le bambou

bambu

l'oignon

siboyo

le champignon

mushroom

les noisettes

noot

les pâtes

pasta

les spaghettis

spaghetti

le riz

aros

la salade

salada

les frites

batata hasa

les pommes de terre rôties

batata hasa

la pizza

pizza

le hamburger

hamburger

le sandwich

sandwich

l'escalope

cutlet

le jambon

ham

le salami

salami

la saucisse

soseishi

le poulet

galiña

le rôti

hasa

le poisson

pisca

les flocons d'avoine

papa

le muesli

müsli

les cornflakes

cornflakes

la farine

hariña

le croissant

croissant

les petits-pains

pan rondo

le pain

pan

le pain grillé

toast

les biscuits

cuki

le beurre

manteca

le fromage blanc

kwark

le gâteau

bolo

l'œuf

webo

l'œuf au plat

webo hasa

le fromage

keshi

la glace
ijscream

le sucre
sucu

le miel
honing

la confiture
jam

la crème nougat
pasta di chuculati

le curry
curry

la ferme
cas di cunucu

la botte de paille
bala di hooi

la grange
mangasina

le champ
tereno

le cheval
cabay

la remorque
trailer

le poulain
yiu di cabay

le tracteur
tractor

l'âne
burico

le mouton
carne

l'agneau
lamchi

la chèvre
cabrito

la vache
baca

le veau
bishe

le porc
porco

le porcelet
yiu di porco

le taureau
toro

l'oie

gans

le canard

pato

le poussin

puyito

la poule

galiña

le coq

gay

le rat

djaca

le chat

pushi

la souris

raton

le bœuf

toro

le chien

cacho

le chenil

cas di cacho

le tuyau de jardin

slang pa muha mata

l'arrosoir

gieter

la faucheuse

herment pa corta yerbe

la charrue

ploeg

la faucille

garabati

la pioche

chapi

la fourche

forki pa coy hooi

la hache

hacha

la brouette

garetia

la cuve

pesebre

le pot à lait

canica di lechi

le sac

saco

la clôture

heki

l'étable

stal

la serre

greenhouse

le sol

suela

les semences

simia

l'engrais

mest

la moissonneuse-batteuse

mashin di cosecha

récolter
cosecha

la récolte
cosecha

l'igname
yams

le blé
trigo

le soja
soya

la pomme de terre
batata

le maïs
maishi

le colza
canola

l'arbre fruitier
palo di fruta

le manioc
yuca

les céréales
grano

la cheminée
chimenea

le toit
dak

la gouttière
het

la fenêtre
bentana

le garage
garashi

la sonnette
bel

la porte
porta

la poubelle
bari di sushi

la boîte aux lettres
postbus

le jardin
cura

le salon
sala

la chambre de bain
baño

la cuisine
cushina

la chambre à coucher
camber

la chambre d'enfant
camber di mucha

la salle à manger
comedo

le sol

suela

le mur

muraya

le plafond

blafon

la cave

bodega

le sauna

sauna

le balcon

balcon

la terrasse

terasa

la piscine

piscina

la tondeuse à gazon

mashin di corta yerba

la fourre de duvet

laken

la couette

bedsprei

le lit

cama

le balai

basora

le sceau

hemchi

l'interrupteur

switch

le papier peint
papel pa papela

l'image
potret

la lampe
lampi

l'étagère
reki

l'armoire
cashi

la télé
television

la cheminée
fogon

la fleur
flor

le coussin
cusinchi

le canapé
sofa

le vase
vaas

la télécommande
remote control

le tapis
tapijt

le rideau
cortina

la table
mesa

la chaise
stoel

la chaise à bascule
stoel di zoya

le fauteuil
stoel

le livre

buki

la couverture

dekel

la décoration

decoracion

le bois de chauffage

palo pa kima

le film

film

la chaîne hi-fi

stereoset

la clé

yabi

le journal

corant

la peinture

cuadra

le poster

poster

la radio

radio

le bloc-notes

blocnote

l'aspirateur

stofzuiger

le cactus

cadushi

la bougie

bela

le frigo
frishider

le four à micro-ondes
microwave

la balance de cuisine
balansa di cushina

le toasteur
toaster

le détergent
detergente

le four
forno

le compartiment congélateur
freezer

la poubelle
bari di sushi

le lave-vaisselle
dishwasher

le four

stoof

la casserole

wea

la marmite

wea di hero

le wok/kadai

wok

la poêle

planchi

la bouilloire électrique

ketel

le cuiseur vapeur

steamer

la plaque de cuisson

teblachi pa horna

la vaisselle

servies

le gobelet

beker

le bol

conchi

les baguettes

chopstick

la louche

cuchara di sopi

la spatule

spatula

le fouet

garde

la passoire

scurido

le tamis

colado

la râpe

raspa

le mortier

fenso

le barbecue

barbecue

la cheminée

candela

la planche à découper

planki pa corta

le rouleau à pâtisserie

rostok

le tire-bouchon

kurkentrek

la boîte

bleki

l'ouvre-boîte

cos di habri bleki

les maniques

pannenlap

le lavabo

wasbak

la brosse

skeiro

l'éponge

spons

le mixeur

blender

le congélateur

freezer

le biberon

tetero

le robinet

cranchi

le chauffage
verwarming

la douche
douche

la serviette
serbete

le rideau de douche
cortina di douche

le bain moussant
baño di scuma

la baignoire
badkuip

le verre
glas

la machine à laver
wasmashin

le robinet
cranchi

le carrelage
mosaik

le pot
pot

le lavabo
wasbak

les toilettes

tualet

la toilette à la turque

hurktoilet

le bidet

bidet

l'urinoir

urinal

le papier toilette

papel di w.c.

la brosse à toilette

skeiro di w.c.

la brosse à dents

skeiro di djente

le dentifrice

pasta di djente

le fil dentaire

dental floss

laver

laba

la douche manuelle

douche di man

la douche intime

bidet

la vasque

tobo

la brosse dorsale

skeiro

le savon

habon

le gel douche

shower gel

le shampooing

shampoo

le gant de toilette

washandje

l'écoulement

drain

la crème

crema

le déodorant

desodorante

le miroir

spiel

le miroir cosmétique

spiel di man

le rasoir

blet

la mousse à raser

shaving foam

l'après-rasage

aftershave

la peigne

peña

la brosse

skeiro

le sèche-cheveux

blower

la laque pour cheveux

spray pa cabey

le fond de teint

makeup

le rouge à lèvres

lipstick

le vernis à ongles

cos di pinta huña

l'ouate

catuna

le coupe-ongles

sker pa corta huña

le parfum

perfume

la trousse de toilette

tas

le tabouret

kruk

la balance

balansa

le peignoir

bata

les gants de nettoyage

handschoen

le tampon

tampon

les serviettes hygiéniques

kotex

la toilette chimique

wc kimico

la chambre d'enfant
camber di mucha

le réveil
wekker

le doudou
peluche

la voiture jouet
auto di hunga

le hochet
maraca

la maison de poupée
cas di popchi

le cadeau
regalo

le ballon

blaas

le lit

cama

la poussette

stroller

le jeu de cartes

baraha di carta

le puzzle

puzzel

la bande dessinée

comic

les pièces lego

lego

les blocs de construction

bloki di hunga

la figurine

figura di accion

la grenouillère

romper

le frisbee

frisbee

le mobile

mobil

le jeu de société

wega di mesa

le dé

dou

le train miniature

set di trein

la sucette

chupon

la fête

fiesta

le livre d'images

buki di prenchi

la balle

bala

la poupée

popchi

jouer

hunga

le bac à sable

zandbak

la balançoire

zoya

les jouets

cos di hunga

la console de jeu

videogame

le tricycle

tricycle

l'ours en peluche

beer

l'armoire

cashi di paña

les vêtements

paña

les chaussettes

mea

les bas

mea

le collant

pantyhose

l'écharpe
sjaal

la ceinture
faha

le parapluie
paraplu

le t-shirt
T-shirt

les bottes
boots

les pantoufles
slof

les baskets
keds

les sandales
....
sandalia

les chaussures
....
sapato

les bottes de caoutchouc
....
laars di rubber

le linge de corps
....
carsonsio

le soutien-gorge
....
bh

le maillot de corps
....
flanel

les vêtements - paña

le body

body

le pantalon

carson

le jean

jeans

la jupe

saya

le chemisier

blusa

la chemise

camisa

le pull

sweater

le pull-over à capuche

sweater

la veste

blazer

la veste

jacket

le manteau

jas

l'imperméable

regenjas

le costume

flus

la robe

shimis

la robe de mariée

shimis di bruid

le costume

flus

la chemise de nuit

yapon

le pyjama

pidjama

le sari

sari

le foulard

lenso di cabes

le turban

turban

la burqa

burqa

le caftan

kaftan

l'abaya

abaya

le maillot de bain

zwempak

le costume de bain

zwembroek

les cuissettes

carson cortico

la tenue d'entraînement

trainingspak

le tablier

lantera

les gants

handschoen

le bouton

boton

les lunettes

bril

le bracelet

armband

le collier

cadena

la bague

renchi

la boucle d'oreille

renchi di horea

le bonnet

pechi

le cintre

kapstok

le chapeau

sombre

la cravate

dashi

la fermeture éclair

ziper

le casque

helm

les bretelles

guiel

l'uniforme scolaire

uniform di scol

l'uniforme

uniform

le bavoir
babado

la sucette
chupon

la couche
bruki

le bureau
oficina

l'armoire d'archivage
filekast

le serveur
server

le papier
papel

l'imprimante
printer

l'écran
pantaya

le bureau
lessenaar

la souris
mouse

le classeur
map

le clavier
keyboard

la corbeille à papier
bari di sushi

l'ordinateur
computer

la chaise
stoel

la tasse à café
copi pa bebe koffie

la calculatrice
calculator

l'internet
internet

l'ordinateur portable

laptop

la lettre

carta

le message

mensahe

le portable

celular

le réseau

red

la photocopieuse

mashin di copia

le logiciel

software

le téléphone

telefon

la prise

stopcontact

le fax

fax mashin

le formulaire

formulario

le document

documento

acheter

cumpra

payer

paga

marchander

negosha

la monnaie

placa

le dollar

dollar

l'euro

euro

le yen

yen

le rouble

roebel

le franc suisse

frank suiso

le renminbi yuan

yuan renminbi

la roupie

roepi

le distributeur automatique

bancomatico

le bureau de change

oficina di cambio

l'or

oro

l'argent

plata

le pétrole

azeta

l'énergie

energia

le prix

prijs

le contrat

contract

la taxe

impuesto

l'action

share

travailler

traha

l'employé

empleado

l'employeur

dunado di trabou

l'usine

fabrica

le magasin

tienda

l'agent de police
agente policial

le pompier
bombero

le cuisinier
coki

le médecin
dokter

le pilote
piloto

le jardinier

hardinero

le menuisier

carpinte

la couturière

cosedo

le juge

hues

le chimiste

kimico

l'acteur

actor

le conducteur de bus

chauffeur di bus

le chauffeur de taxi

chauffeur di taxi

le pêcheur

piscado

la femme de ménage

hende cu ta haci cas limpi

le couvreur

drechado di dak

le serveur

waiter

le chasseur

jaagdo

le peintre

verfdo

le boulanger

panadero

l'électricien

electricista

l'ouvrier

trahado den construccion

l'ingénieur

ingeniero

le boucher

carnicero

le plombier

loodgieter

le facteur

partido di carta

le soldat
solda

l'architecte
arkitecto

le caissier
cahero

le fleuriste
florista

le coiffeur
pelukero / pelukera

le contrôleur
controlado di ticket

le mécanicien
mecanico

le capitaine
capitan

le dentiste
dentista

le scientifique
cientifico

le rabbin
rabbi

l'imam
imam

le moine
monk

le prêtre
pastor

le marteau
martiu

les pinces
pins

le tournevis
schroefdraai

la torche
flashlight

la clé
wrench

la pelleteuse
bulldozer

la boîte à outils
caha di herment

l'échelle
trapi

la scie
zaag

les clous
clabo

la perceuse
boormashin

réparer

drecha

la pelle

shobel

Mince!

caraho!

la pelle

scop

le pot de peinture

bleki di verf

les vis

schroef

les instruments de musique
instrumento musical

la batterie
drumset

le haut-parleur
speaker

la guitare
guitara

la contrebasse
contrabaho

la trompette
trompet

le piano

piano

le violon

fio

la basse

baho

les timbales

timbal

le tambour

tambu

le piano électrique

keyboard

le saxophone

saxofon

la flûte

fluit

le microphone

microfon

les instruments de musique - instrumento musical

le tigre
tiger

l'entrée
entrada

la cage
couchi

le zèbre
zebra

l'alimentation animale
cuminda di bestia

le panda
panda

les animaux

animal

l'éléphant

olifante

le kangourou

cangaru

le rhinocéros

neushoorn

le gorille

gorila

l'ours

beer

le chameau

camel

l'autruche

avestruz

le lion

leon

le singe

macaco

le flamand rose

flamingo

le perroquet

lora

l'ours polaire

beer polar

le pingouin

pinguin

le requin

tribon

le paon

pauwies

le serpent

colebra

le crocodile

caiman

le gardien de zoo

cuidado di bestia

le phoque

cacho di awa

le jaguar

jaguar

le zoo - parke di bestia

le poney

pony

le léopard

leopardo

l'hippopotame

hipopotamo

la girafe

giraf

l'aigle

aguila

le sanglier

porco di mondi

le poisson

pisca

la tortue

turtuga

le morse

walrus

le renard

vos

la gazelle

gazelle

les sports

deporte

l'american Football
futbol Americano

le cyclisme
ciclismo

le tennis
tennis

le basket-ball
basketball

la natation
landamento

le hockey sur glace
ice hockey

la boxe
boxeo

le football
futbol

le badminton
badminton

l'athlétisme
atletismo

le handball
handbal

le ski
ski

le polo
polo

sauter
bula

embrasser
brasa

rire
hari

marcher
cana

chanter
canta

rêver
soña

prier
resa

faire la bise
sunchi

écrire
skirbi

dessiner
pinta

montrer
mustra

pousser
primi

donner
duna

prendre
coy

avoir

tin

faire

haci

être

ta

être debout

para

courir

core

trier

ranca

jeter

tira

tomber

cay

être couché

drumi

attendre

warda

porter

carga

être assis

sinta

s'habiller

bisti

dormir

drumi

se réveiller

lanta fo'i soño

regarder

mira

pleurer

yora

caresser

caricia

peigner

peña

parler

papia

comprendre

compronde

demander

puntra

écouter

scucha

boire

bebe

manger

come

ranger

ruim op

aimer

stima

cuire

cushna

conduire

bai

voler

bula

les activités - actividad

faire de la voile
zeilo

calculer
conta

lire
lesa

apprendre
siña

travailler
traha

se marier
casa

coudre
cose

se brosser les dents
skeiro djente

tuer
mata

fumer
huma

envoyer
manda

la grand-mère
vela

le grand-père
welo

le père
tata

la mère
mama

le bébé
baby

la fille
yiu muhe

le fils
yiu homber

l'hôte

huesped

la tante

tanta

l'oncle

omo

le frère

ruman homber

la sœur

ruman muhe

le corps

curpa

le front
frenta

l'œil
wowo

l'épaule
schouder

le doigt
dede

le visage
cara

le menton
cachete

la main
man

la poitrine
pecho

la jambe
pia

le bras
brasa

le bébé

baby

l'homme

homber

la femme

muhe

la fille

mucha muhe

le garçon

mucha homber

la tête

cabes

le dos
....
lomba

le ventre
....
bariga

le nombril
....
lombrishi

l'orteil
....
dede di pia

le talon
....
hilchi

l'os
....
weso

la hanche
....
heup

le genou
....
rudia

le coude
....
elleboog

le nez
....
nanishi

les fesses
....
chanchan

la peau
....
cuero

la joue
....
wang

l'oreille
....
horea

la lèvre
....
lip

la bouche
boca

la dent
djente

la langue
lenga

le cerveau
celebro

le cœur
curason

le muscle
musculo

les poumons
pulmon

le foie
higra

l'estomac
stoma

les reins
nier

le rapport sexuel
sex

le préservatif
condon

l'ovule
ovulo

le sperme
sperma

la grossesse
embaraso

la menstruation

menstruacion

le vagin

vagina

le pénis

penis

le sourcil

wenkbrauw

les cheveux

cabey

le cou

nek

l'hôpital
hospital

l'ambulance
ambulance

le fauteuil roulant
rolstoel

la fracture
fractura di weso

le médecin

dokter

le service des urgences

EHBO (prome
asistencia/eerste hulp)

l'infirmière

nurse

l'urgence

caso di emergencia

inconscient

fo'i tino

la douleur

dolor

la blessure
lesion

l'hémorragie
sangramento

la crise cardiaque
ataca di curason

l'attaque cérébrale
ataca celebral

l'allergie
alergia

la toux
tosa

la fièvre
keintura

la grippe
griep

la diarrhée
diarea

le mal de tête
dolor di cabes

le cancer
cancer

le diabète
diabetes

le chirurgien
ciruhano

le scalpel
scalpel

l'opération
operacion

le CT

CT

la radiographie

x-ray

l'échographie

echo

le masque

masker contra stof

la maladie

malesa

la salle d'attente

sala di espera

la béquille

kruk

le pansement

pleister

le pansement

verband

l'injection

inyeccion

le stéthoscope

stetoscop

le brancard

brancard

le thermomètre

thermometer

l'accouchement

nacemento

le surpoids

sobrepeso

l'appareil auditif

aparato pa oido

le désinfectant

desinfectante

l'infection

infeccion

le virus

virus

le VIH / le sida

HIV / AIDS

le médicament

remedi

la vaccination

vacuna

les tablettes

pilder

la pilule

pilder

l'appel d'urgence

yamada di emergencia

le tensiomètre

aparato pa midi presion

malade / sain

malo / saludabel

Au secours!

auxilio!

l'alarme

alarma

l'agression

atraco

l'attaque

atake

le danger

peliger

la sortie de secours

salida di emergencia

Au feu!

candela

l'extincteur

brandspuit

l'accident

desgracia

la trousse de premier
secours

caha di prome asistencia

SOS

SOS

la police

polis

l'Europe

Europa

l'Amérique du Nord

Noord America

l'Amérique du Sud

Sur America

l'Afrique

Africa

l'Asie

Asia

l'Australie

Australia

l'Océan atlantique

Oceano Atlantico

l'Océan pacifique

Oceano Pacifico

l'Océan indien

Oceano Indio

l'Océan antarctique

Oceano Antartico

l'Océan arctique

Oceano Artico

le Pôle nord

Noordpool

le Pôle sud
Zuidpool

l'Antarctique
Antartica

la terre
mundo

le pays
tera

la mer
lama

l'île
isla

la nation
nacion

l'état
estado

le cadran

holoshi analog

l'aiguille des heures

wijzer chikito

l'aiguille des minutes

wijzer grandi

l'aiguille des secondes

wijzer di seconde

Quelle heure est-il?

Cuant'or tin?

le jour

dia

le temps

tempo

maintenant

awor

la montre digitale

holoshi digital

la minute

minuut

l'heure

ora

la semaine
siman

lundi
dialuna

mardi
diamars

mercredi
diaranson

jeudi
diahuebs

vendredi
diabierna

samedi
diasabra

dimanche
diadomingo

hier

ayera

aujourd'hui

awe

demain

mañan

le matin

mainta

le midi

merdia

le soir

anochi

les jours ouvrables

dia di trabou

le week-end

weekend

la pluie
awacero

l'arc-en-ciel
arco iris

le vent
biento

la neige
sneeuw

le printemps
lente

l'automne
herfst

l'été
zomer

l'hiver
winter

la météo

pronostico di tempo

le thermomètre

thermometer

la lumière du soleil

solo ta briya

le nuage

nubia

le brouillard

neblina

l'humidité

humedad

la foudre

lamper

le tonnerre

strena

la tempête

mal tempo

la grêle

hagel

la mousson

mal tempo

l'inondation

inundacion

la glace

ijs

janvier

januari

février

februari

mars

maart

avril

april

mai

mei

juin

juni

juillet

juli

août

augustus

l'année - aña

septembre
september

octobre
october

novembre
november

décembre
december

les formes

forma

le cercle
circulo

le carré
cuadra

le rectangle
rectangulo

le triangle
triangulo

la sphère
bol

le cube
kubus

blanc

blanco

jaune

geel

orange

oraño

rose

ros

rouge

cora

violet

biña

bleu

blauw

vert

berde

marron

bruin

gris

shinishi

noir

preto

beaucoup / peu

hopi / tiki

fâché / calme

rabia / trankil

joli / laid

bunita / mahos

le début / la fin

comienso / final

grand / petit

grandi / chikito

clair / obscure

cla / scur

le frère / la sœur

ruman homber / ruman muhe

propre / sale

limpi / sushi

complet / incomplet

completo / incompleto

le jour / la nuit

dia / anochi

mort / vivant

morto / bibo

large / étroit

hancho / smal

comestible / incomestible

comibel / incomibel

méchant / gentil

mal hende / bon hende

excité / ennuyé

ansioso / ferfela bo mes

gros / mince

gordo / flaco

le premier / le dernier

prome / ultimo

l'ami / l'ennemi

amigo / enemigo

plein / vide

yen / bashi

dur / souple

duro / moli

lourd / léger

pisa / lihe

faim / soif

hamber / sed

malade / sain

malo / saludabel

illégal / légal

ilegal / legal

intelligent / stupide

inteligente / sabi

gauche / droite

robes / drechi

proche / loin

cerca / leu

nouveau / usé

nobo / uza

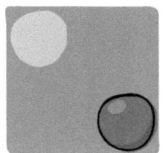

rien / quelque chose

nada / algo

vieux / jeune

bieu / jong

marche / arrêt

cendi / paga

ouvert / fermé

habri / cera

faible / fort

keto / duro

riche / pauvre

rico / pober

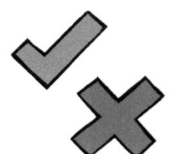

correct / incorrect

bon / fout

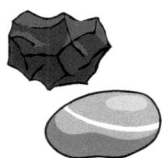

rugueux / lisse

grof / liso

triste / heureux

tristo / contento

court / long

cortico / largo

lent / rapide

pocopoco / lihe

mouillé / sec

muha / seco

chaud / froid

cayente / friu

la guerre / la paix

guera / paz

0	**1**	**2**
zéro	un	deux
cero	un	dos

3	**4**	**5**
trois	quatre	cinq
tres	cuater	cinco

6	**7**	**8**
six	sept	huit
seis	shete	ocho

9	**10**	**11**
neuf	dix	onze
nuebe	dies	diesun

12

douze

diesdos

13

treize

diestres

14

quatorze

diescuatro

15

quinze

diescinco

16

seize

diesseis

17

dix-sept

diesshete

18

dix-huit

diesocho

19

dix-neuf

diesnuebe

20

vingt

binti

100

cent

shen

1.000

mille

mil

1.000.000

le million

miyon

les langues
idioma

l'anglais

Ingles

l'anglais américain

Ingles Mericano

le chinois mandarin

Chines Mandarin

le hindi

Hindi

l'espagnol

Spaño

le français

Frances

l'arabe

Arabe

le russe

Ruso

le portugais

Portugues

le bengali

Bengal

l'allemand

Aleman

le japonais

Hapones

je
ami

tu
abo

il / elle
e

nous
nos

vous
boso

ils / elles
nan

qui?
ken?

quoi?
kico?

comment?
con?

où?
unda?

quand?
ki ora?

le nom
nomber

derrière

patras

dans

den

devant

dilanti di

au-dessus

ariba

sur

riba

en-dessous

bou di

à côté de

banda di

entre

entre

le lieu

luga